Lk 590.

AUTUN

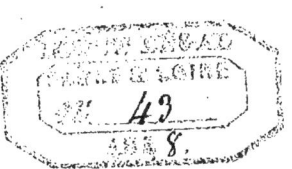

NOUVEAU

PAR

J. R...

Manufacturier.

AUTUN
IMPRIMERIE DE MICHEL DEJUSSIEU.
1858.

AUTUN NOUVEAU.

Une pensée qui se traduit universellement aujourd'hui c'est que la ville d'Autun et le bassin dont elle est, sinon le centre géométrique, du moins le centre commercial, sont appelés à jouir d'une transformation prochaine et rapide. On peut dire avec assez de justesse qu'il y a deux Autun : un ancien et un nouveau. Le nouvel Autun qui se constitue progressivement devra sa prospérité croissante à l'alliance de l'Industrie et de l'Agriculture.

Les esprits les plus superficiels se rendent actuellement compte que le pays se prête merveilleusement au développement de l'industrie, mais il a fallu que des étrangers, pionniers dont on a même exagéré les idées aventureuses, vinssent révéler, d'une manière encore bien sommaire, le parti que l'on pouvait tirer des richesses géologiques du bassin. Un grand résultat s'est promptement produit, les ressources locales qui se trouvaient ignorées ont d'abord fait l'objet du doute, mais ce doute sur leur existence n'a pas tardé à faire place à une conviction, à une certitude que le bassin d'Autun, versant oriental de cette petite chaîne des Cévennes qui divise Saône-et-Loire, pouvait, sinon présenter les éléments de richesse du bassin oriental, du moins prétendre à constituer avec lui un ensemble satisfaisant d'exploitations industrielles. Il ne se passe pas de jour sans qu'un nouveau minerai, un nouvel affleurement ne viennent révéler l'existence d'un nouveau gîte de houille, de schiste ou de métal, et le temps n'est probablement pas éloigné où cette vaste plaine, jadis presque stérile sous tous les rapports, offrira aux yeux une culture rationnelle et prospère en même temps qu'un large champ manufacturier.

Le premier acte indispensable, préparatoire à ce développement industriel, s'est trouvé constitué par la division presque complète du territoire en sections industrielles, c'est-à-dire en Concessions de mines, octroyées par le gouvernement après étude et sur le rapport des ingénieurs de l'Etat.

Il n'y a pas encore longtemps qu'il n'existait dans le bassin, à l'une de ses extrémités, que la concession houillère d'Epinac et un peu moins éloignées les concessions presque inexploitées de Moloy et de Chambois. Depuis dix ou douze ans, la division industrielle du sol s'est opérée sans ralentissement. Au nord, se trouvent les concessions-

schiste d'Igornay et de la Petite-Chaume ; au centre, Surmoulin. Vers l'est, Dracy et Mûse; puis les concessions-houille de Sully et de Pauvret. Vers l'ouest, celle des schistes de la Comaille et de Poizot. Au-dessous, touchant presque la ville, la concession de Millery; au-dessus, la concession-houille de Chambois. Les périmètres de concessions considérables houille et schiste, telles que : Enault, la Selle, Chambois, Monthelon, St-Blaise, St-Denis, St-Pantaléon, etc., représentant un ensemble de plus de sept mille hectares, c'est-à-dire tout le territoire qui n'est pas actuellement concédé dans le bassin, sont l'objet de demandes en cours d'examen.

On a récemment calculé que seule l'industrie toute nouvelle des schistes bitumineux, telle qu'elle existe aujourd'hui, fait déjà vivre plus de mille familles ouvrières et consomme annuellement plus de deux cent mille hectolitres de houille locale. Cette industrie si bien classée n'est pourtant qu'à son début, mais il lui a suffi de peu d'années pour faire prévaloir dans le commerce et pour livrer à une consommation active des produits de natures diverses, connus, discutés et appréciés partout maintenant.

Après la houille est donc venu le schiste qui concourt à la prospérité des houillères, ce qui conduit de nouveaux industriels à tenter l'exploitation de gisements houillers aux portes mêmes d'Autun. Cinq puits de recherche ont été forés cette année ;

un fragment de couche vient d'être recoupé avec succès entre la Selle et Tavernay. Après le schiste viendront probablement le fer, le plomb, dont on a reconnu des filons importants. Les besoins industriels grandissant développeront nécessairement les besoins commerciaux. De là, à l'établissement d'usines secondaires de tous genres, à l'utilisation des cours d'eau si nombreux du Morvan et de l'Autunois, il n'y a qu'un pas [1]; ce pas, on le fera, et plus tard, espérons-le, une voie ferrée viendra relier ces industries diverses, exporter plus aisément et plus économiquement leurs produits. C'est seulement alors que les étages inférieurs de la houille de notre bassin pourront être attaqués et sérieusement exploités.

Autun peut donc compter sur la certitude de son

---

[1] Les roues hydrauliques recevant l'eau en dessous, à aubes courbes, système Poncelet, sont inconnues ou plutôt inappliquées dans l'Autunois. Elles y rendraient de grands services. Il est démontré depuis 1825 que la roue à aubes courbes, munie d'un vannage convenable et se mouvant dans un coursier et sur un radier bien exécutés, utilise et transmet les soixante-cinq pour cent de la puissance motrice; tandis que la roue à aubes planes, tout aussi bien exécutée, n'en utilise que les vingt-cinq à trente pour cent. Ainsi tel moulin dans lequel se meut un tournant sous l'action d'une roue à aubes planes, en verrait mouvoir deux sous l'action d'une roue à aubes courbes, en jouissant en outre d'un excédant de force ; et telle usine qui chôme par la sècheresse en possédant la première roue, ne chômerait point en possédant la seconde. En un mot, la roue à aubes planes devrait être entièrement bannie pour faire place à la roue à aubes courbes. Nous croyons opportun d'appeler sur ce point l'attention des meuniers et des chefs d'usines hydrauliques de l'Autunois dont les cours d'eau permanents se prêtent mieux à être utilisés en-dessous qu'en-dessus.

avenir industriel et commercial et sur une rénovation à cet égard au moins égale à celle que subit depuis dix ans et que subira progressivement l'agriculture de ce pays. Qu'est elle-même l'Agriculture bien entendue? Une véritable industrie ou pour mieux dire la première et la plus complexe de toutes les industries. Qu'on veuille bien examiner ce qu'est ou ce que doit-être une ferme? Une usine, une fabrique réglée, du moment que l'on ne se borne pas dans une exploitation rurale au labour, à l'ensemencement et à la récolte, mais dès qu'on entre dans la culture sérieuse qui doit se proposer de transformer la plus grande quantité possible de produits végétaux en produits manufacturés. Dans ces établissements notables, où la culture est devenue « l'industrie agricole, » les céréales sont transformées en farines, les pommes de terre en fécule, les graines oléagineuses en huile, les betteraves en sucre ou en eau-de-vie, tandis que le son, les issues, les tourteaux, les pulpes s'appliquent aux engrais et à la nourriture du bétail. Le lait ne se vend point, il sert à l'allaitement, puis à la fabrication du beurre et du fromage. Les fourrages se vendent peu, ils sont consacrés à l'élève du bétail et à la *fabrication* de la viande de boucherie, etc. De là des produits d'un bénéfice certain et élevé, d'autant plus élevé que les engrais produits retournent à la terre. On dit que le sol rapporte quatre pour cent; cela est inexact; la terre, du moment qu'on va plus loin que la vente de la graine récoltée et qu'on fait de son exploitation une industrie, produit autant que telle autre industrie que ce soit, sans présenter les mêmes chances aléatoires en raison de la multiplicité des produits obtenus.

Il ne faut pas être puissamment riche pour cumuler dans une exploitation agricole au moins partie de ces éléments de prospérité ; nous avons vu dans une petite ferme près du Pomoy un filet d'eau fort mal utilisé, suffisant cependant pour mettre en jeu les meules d'un moulin et d'une huilerie uniquement destinées aux besoins de la ferme, qui retirait par cela seul tout le profit de cette double mouture. Qu'il en coûterait peu de faire pareille chose un peu partout !

Dans les établissements de culture industrielle dont nous parlons, la préparation et le soin des engrais, leur emploi raisonné ainsi que celui des amendements convenables, n'exige-t-il pas des connaissances de chimie théorique et pratique assez avancées ? A ce seul point de vue, l'agriculteur n'est-il pas un véritable manufacturier ? Enfin la mécanique appliquée à l'agriculture ne fait-elle pas d'immenses progrès et ne modifie-t-elle pas toutes les opérations connues en abrégeant considérablement la durée du travail ?

Il est donc exact de dire, si on ne veut pas reconnaître que l'agriculture et l'industrie ne font qu'une, qu'elles sont intimement liées, qu'elles exigent pour leur prospérité les mêmes éléments, et que le développement de l'une influe puissamment sur le développement de l'autre.

Que l'industrie prenne largement place dans le bassin d'Autun, que le cultivateur acquière seulement, ne fût-ce que de visu, ces premières notions d'enchaînement industriel qui conduisent à utiliser toutes choses, on verra moins de terres incultes; on en verra d'autres cultivées avec plus d'art et plus d'économie, avec de meilleurs instruments aratoires ; on ne verra pas toujours dans l'Autunois les engrais les mieux connus négligés ou détériorés ; on verra certainement paraître un assolement régulier, car jusqu'à présent on peut dire que l'assolement général du pays n'existe pas. On peut même ajouter qu'il est des cultivateurs assez peu soucieux de leurs intérêts pour ne pas même adopter une simple rotation de récoltes.

Sans préconiser aucunement l'assolement triennal, il n'en est pas moins vrai que, suivi d'une manière constante, il mettrait nos terres dans un état prospère, mais si, en se livrant à la pratique raisonnée des engrais et de la chaux comme amendement, on adoptait enfin dans ce pays une culture alterne, un assolement quinquennal, par exemple, qui renfermerait trois céréales (deux froments et une avoine), interrompues par une récolte sarclée et par une prairie artificielle, on pourrait estimer que le sol de l'Autunois deviendrait extrêmement fertile en même temps que ce serait là un pas immense dans cette voie d'une « agriculture industrielle » dont nous parlions tout-à-l'heure et qui nous a fait écrire ces quelques lignes de digression apparente.

En effet, nous avons été conduits à toucher quelques mots de cette question, car il faut reconnaître que certaines personnes ne saisissent pas bien encore cette relation presque évidente, cette connexité entre l'agriculture et l'industrie. Une sorte d'antagonisme qui tend à disparaître heureusement de jour en jour paraît régner entre le propriétaire rural d'ordre moyen et le manufacturier. Lorsqu'il sera bien compris que le pays d'Autun est appelé à devenir un foyer d'industrie et que la propriété agricole n'a rien à craindre, mais au contraire tout à espérer de ce voisinage qu'elle a commencé par considérer comme dangereux pour ses intérêts, les éléments de désunion qui ont paru se glisser entre les deux natures d'exploitations disparaîtront totalement pour faire place à une complète harmonie au mieux des intérêts de tous.

Longtemps à Autun on n'a considéré comme sérieux, comme certain, que le revenu du sol. On est demeuré volontairement éloigné des études industrielles, de l'avenir que des exploitations peuvent présenter et des revenus qu'elles peuvent comporter. Sans aucun doute une exploitation manufacturière renferme quelque chose d'aléatoire ; mais tout n'y est pas livré à l'imprévu comme on semble le croire lorsqu'on n'est pas familiarisé avec ces questions. Le revenu d'une ferme n'est-il pas soumis lui-même à des chances incessantes résultant des intempéries des saisons ? Le cultivateur calcule une moyenne de 4 0/0 de revenus parce qu'il réalise telle année 3 0/0 et telle autre 5 0/0. Même chose a lieu dans l'industrie, mais sur des chiffres plus élevés de bénéfice, et la moyenne générale d'une usine quelconque, on ne peut le contredire, s'élève à plus de 4 ou 5 0/0, sans que l'usinier se trouve après sa période d'exploitation dans une pire situation que le propriétaire rural. Il a réalisé davantage dans le même temps ; voilà toute la différence.

Après avoir aussi brièvement cherché à démontrer tout le bien qui doit résulter pour l'Autunois du développement simultané de l'industrie et de l'agriculture, il nous reste à présenter certaines considérations sur les obstacles que ce développement peut rencontrer. Nous prions ceux qui voudront bien lire cette simple notice de n'y voir aucune personnalité, et de se bien pénétrer que nous ne prétendons donner de leçons à qui que ce soit. Nous croyons avoir reconnu diverses causes secondaires apportant un certain point d'arrêt au mouvement, et si nous ne nous sommes pas trompé, nous désirons prouver que certaines croyances, certaines répugnances doivent tomber d'elles-mêmes et que rien de sérieux ne saurait entraver l'avenir industriel du bassin.

Par différentes raisons et notamment par celle que nous venons d'exposer, les capitaux de la localité se sont éloignés des opérations industrielles. Il est d'autres motifs qui en ont tenu et qui en tiennent encore éloignés les capitaux étrangers, à ce point qu'il a fallu posséder une certaine mesure d'audace commerciale pour venir planter le drapeau.

Nous croyons qu'il faut compter au second rang de ces motifs d'éloignement, pour bien peu, cette sorte de dédain que certaines gens affectent de nourrir à l'endroit de « ceux qui travaillent, » mais pour bien plus l'insouciance où l'on se trouve et que l'on n'a pas voulu combattre à l'égard des divers systèmes de sociétés commerciales. La plus petite étude eût suffi pour permettre de considérer ces contrats sous leur vrai jour et d'utiliser bien plus tôt au profit commun le puissant levier de l'association.

Poursuivre et réunir les éléments de sa fortune dans un pays où la base d'opération que l'on adopte n'est généralement ni comprise, ni appréciée, n'est chose ni facile, ni agréable ; bien plus, un pareil état de choses présente des dangers financiers sérieux. Ainsi l'ouvrier morvandeau établit une différence entre travailler pour un particulier et travailler pour ce qu'il appelle « une compagnie. » Passe pour un ouvrier, mais quel est le sort du manufacturier qui occupe cent, deux cents, trois cents de ces travailleurs imbus de ces idées. Ce que pense l'ouvrier, d'autres que lui le mettent, sous d'autres formes, en pratique constante. On ne saurait trop prendre de facilités avec une « compagnie, » dans laquelle, croit-on, personne ne perd jamais rien, puisqu'il s'y trouve une telle quantité de capitaux versés par tant d'actionnaires et qu'on y réalise de tels gains répartis si faiblement entre chacun d'eux.

Une interprétation aussi déplorable est de nature à supprimer l'idée de toute tentative d'établissement dont les fonds versés dans la circulation locale y fructifieraient au profit de tout le monde. Mais il est à l'égard des sociétés d'autres croyances non moins fâcheuses pour les intérêts industriels ; les capitaux locaux souffrent en cela au moins autant que les capitaux étrangers, car méconnaissant le texte et l'esprit de la loi à l'égard des sociétés de commerce, beaucoup de personnes fort capables demeurent à l'écart de toutes combinaisons utiles, parce qu'elles se croiraient appelées à jouer un tout autre rôle que celui qui pourrait leur être dévolu.

Chacun comprend en effet qu'une large exploitation industrielle ne peut généralement se constituer que par l'Association. Le Creusot, Blanzy, Epinac et d'autres établissements fort prospères sur une moindre échelle en sont des exemples dans notre département. C'est à ce genre d'entreprises que l'on donne ici, sans distinction, le nom de Compagnie.

Or, de ces sociétés, les unes sont des *Compagnies*, les autres des *Commandites*, et c'est ce qui les différencie totalement, tandis que l'esprit public n'apprécie pas cette extrême différence et n'accorde pas aux sociétés en commandite ce degré de stabilité, cette concentration de responsabilité qui font la force des larges affaires particulières.

Il n'y a pourtant aucune différence entre une commandite et une maison de commerce ordinaire ; le lecteur voudra bien nous permettre de rappeler sommairement des principes dont l'oubli peut entraver l'avenir de la localité.

L'article 1832 du Code Napoléon, définit la société : « Un contrat par lequel deux ou plusieurs
» personnes conviennent de mettre quelque chose
» en commun dans le but de partager le bénéfice
» qui pourra en résulter. » On comprend de suite que deux genres d'engagements bien distincts résultent de la constitution et de la marche d'une société quelconque : les engagements des associés entre eux et les engagements de la société envers les tiers.

Le législateur a posé en principe que la solidarité ou la non solidarité entre les associés forme le caractère distinctif, fondamental, d'un contrat social en matière de commerce, et par suite la loi commerciale de 1808 a consacré trois genres de société : la société en nom collectif, la société en commandite, la société anonyme.

Dans la première, tous les associés sont solidaires et responsables envers les tiers de toutes les obligations de la société.

Dans la commandite, contrat mixte, il existe un ou plusieurs associés solidaires et seuls responsables, nommés gérants. Les autres ayant simplement droit au partage des bénéfices, en proportion de leur apport, sont les commanditaires ou actionnaires, simples bailleurs de fonds. — L'article 27 du Code de commerce interdit à l'actionnaire de s'immiscer en quoi que ce soit dans la gestion sous peine de responsabilité, même par corps, avec le gérant. — L'actionnaire n'est engagé que jusqu'à concurrence de sa mise (l'action) et ne saurait être obligé, ni par le gérant, ni par les créanciers de la société, à aucun versement ultérieur. La raison sociale ne peut renfermer que le nom de l'associé-gérant, et l'actionnaire ne possède qu'un droit de contrôle *de chiffres*, droit exercé par l'intermédiaire d'un conseil de surveillance que les actionnaires nomment entre eux. — Ce conseil a pour mission, dans le cas où le bien social serait aux mains d'un gérant improbe ou profondément incapable, d'empêcher le détournement des capitaux ou les inventaires frauduleux. Là s'arrête le rôle du conseil, et la justice seule aurait à prononcer sur une demande en révocation, qui, dans de telles circonstances d'exception, ne serait plus que de droit commun à toutes sociétés. La loi toute récente de 1856 a formulé certaines mesures propres à empêcher la création d'affaires verreuses, impossibles, dans lesquelles précisément l'omnipotence du gérant pourrait entraîner de trop crédules bailleurs de fonds; mais cette loi n'apporte aucune modification au libre arbitre de la gérance, et les rapporteurs de cette même loi ont eu soin de rappeler : qu'elle n'admet aucune intervention de l'actionnaire dans la direction, qu'il n'a nul droit d'indiquer les opérations à suivre, ni de demander compte au gérant de ses projets, de ses relations.

Enfin le gérant d'une commandite, pas plus que tout associé d'une société en nom collectif, ne peut être révoqué, ni remplacé, comme on le croit généralement, par un simple caprice de majorité d'actionnaires. Il est irrévocable du moment qu'il est institué par le contrat social d'origine.

Dans la société anonyme, il n'existe aucune solidarité entre les associés-actionnaires. L'administration est dévolue, à temps, par l'assemblée générale des actionnaires, à certains d'entre eux qui composent un conseil d'administration, (ce qui est ainsi tout autre chose que le conseil de surveillance d'une commandite.) Ce conseil d'administration nomme un directeur, associé ou non, mais toujours irresponsable et essentiellement révocable par la majorité des actionnaires.—La société anonyme peut être déclarée en faillite sous le nom qu'elle s'est donné, mais, ni le directeur, ni les administrateurs ne font faillite personnellement. — En présence d'un état de choses aussi grave, la société anonyme ne peut exister sans l'autorisation du gouvernement.

C'est cette dernière société qui prend le nom de Compagnie.

Il est donc aisé de comprendre quelle immense différence existe entre une commandite et une compagnie, entre un gérant et un directeur; quelle sécurité existe pour les tiers dans cette puissance et dans cette responsabilité propres au gérant dont l'avenir, la fortune et la réputation sont attachés à l'entreprise qu'il administre souverainement.

Une erreur assez généralement accréditée, c'est qu'il est extrêmement difficile de trouver des actionnaires pour organiser une opération. Il est souvent bien plus difficile à des capitalistes qui désirent s'intéresser dans une affaire sérieuse, de trouver un gérant, c'est-à-dire de rencontrer un négociant ou un industriel capable qui veuille bien assumer sur sa personne toute la responsabilité d'une large entreprise, et lui donner son temps et son intelligence pour ne retirer qu'une fraction des profits. — En général, une commandite est une véritable société entre le travail et le capital. Les fonctions de la gérance ne sont pas bien saisies dans ce pays, et les personnes les plus honorables, les mieux placées pour inspirer la confiance, ne devraient aucunement redouter une semblable situation qui n'a aucune espèce de rapport avec celle

de simple régisseur; il est aisé d'apprécier combien est légitime et rationnelle cette extrême liberté d'action dont jouit nécessairement tout gérant, tout associé responsable ; c'est à l'actionnaire à juger l'homme, plutôt que l'entreprise, entre les mains duquel il se dessaisit de ses capitaux. Pour ne citer qu'un exemple, M. Schneider, industriel d'une réputation européenne, jouissant d'une considération immense, est le gérant du Creusot, sous la raison sociale Schneider et Cie.—Les houillères d'Épinac sont exploitées par une compagnie, l'administration étant représentée, sur les mines, par un directeur révocable, mais irresponsable.

Nous sommes entré dans quelques détails à cet égard parce qu'il nous semble que l'industrie trouvera promptement des chefs et des représentants dans la localité lorsque seront effacées les préventions mal fondées que l'on avait pu concevoir sur l'organisation des sociétés en commandite, les seules qui puissent se livrer à l'exploitation sérieuse du bassin.

Enfin, le capitaliste ou l'industriel s'attache à considérer la composition du tribunal de commerce de la localité où il désire fonder une exploitation. Il n'en saurait être autrement. Les juges consulaires, dont les fonctions sont toutes d'abnégation, et auxquels on doit reconnaître partout en France les plus louables sentiments d'équité et de conciliation, ne doivent pas pousser jusqu'à l'extrême cette dernière qualité du magistrat. — Le justiciable a besoin, avant toutes choses, de savoir que les actes qui pourraient être dirigés contre ses intérêts recevront une interprétation et une solution toutes légales. — Nous ne disons pas qu'il en soit autrement à Autun, mais ce que nous considérons comme non moins essentiel à signaler, ce que reconnaissent les industriels de l'arrondissement et ce que les notables-commerçants apprécieront certainement, c'est que le moment viendra bientôt, peut-être est-il proche? où la composition du tribunal de commerce devra nécessairement répondre aux besoins industriels. — L'élément manufacturier, l'élément mine, qui va donner à la ville sa prépondérance, devra certainement, non pas prédominer dans le tribunal d'une manière absolue, mais posséder des représentants sérieux sur les sièges consulaires. Il nous semble que nous n'avançons rien à cet égard qui ne soit dans l'esprit de chacun, et que c'est là un des premiers actes que l'arrondissement désire accomplir.

Les remarques générales consignées dans cette notice ne font que rappeler les principes élémentaires d'après lesquels se guide tout commerçant pour faire choix, et de son industrie, et du lieu où il peut avantageusement l'exploiter. C'est ce qu'en raison des bienfaits que le pays d'Autun doit retirer du libre développement de l'industrie, nous avons cherché à remettre en mémoire, en ne voulant faire, répétons-le, le procès à personne, en ne voulant nullement adresser une critique à la localité. — Si, par ces quelques lignes, nous avions pu détruire quelques préventions et rendre plus facile la création d'établissements que nous devons tous désirer si vivement, nous nous estimerions heureux d'avoir pu contribuer à une pareille détermination.

www.ingramcontent.com/pod-product-compliance
Lightning Source LLC
Chambersburg PA
CBHW060622050426
42451CB00012B/2376